I0394201

DIESES BUCH GEHÖRT:

www.ingramcontent.com/pod-product-compliance
Lightning Source LLC
Chambersburg PA
CBHW021844170526
45157CB00007B/2923
* 9 7 8 1 0 7 4 7 6 7 9 8 3 *